Wir bauen Fahrzeuge

Regine Sigler-Held

Diese Werkstoffe eignen sich

Pappe

Holz

Styropor

Schachteln

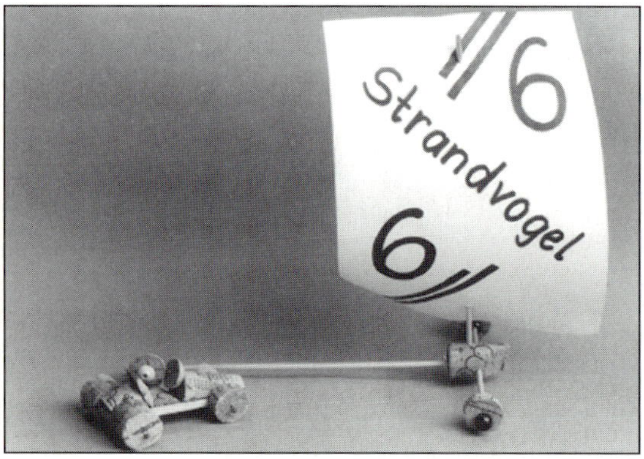

Kork

Technischer Baukasten

Sicher hast du weitere Ideen:

Überlege dir vorher, welches Fahrzeug du bauen kannst.
Die Hinweise in diesem Heft können dir dabei helfen.

Planung muss sein

… denn manche Sachen lassen sich nicht mehr reparieren, und du kannst möglicherweise dein Fahrzeug nicht fertig bauen.

… damit alle Materialien bereitliegen und deine Arbeit zügig vorangehen kann.

So kannst du arbeiten:

1. Verschaffe dir mit diesem Heft einen **Überblick über** die **Möglichkeiten** ein Fahrzeug zu bauen.
2. Entscheide dich für einen **Werkstoff**.
3. **Zeichne** einen **Bauplan**. Überlege dir, wie du technische Probleme lösen kannst (zum Beispiel, wie die Achsen befestigt werden oder die Lenkung gebaut wird).
4. Erstelle eine **Materialliste**.
5. **Besorge** alle **Baumaterialien**.
6. Lege alle **Werkzeuge** bereit.

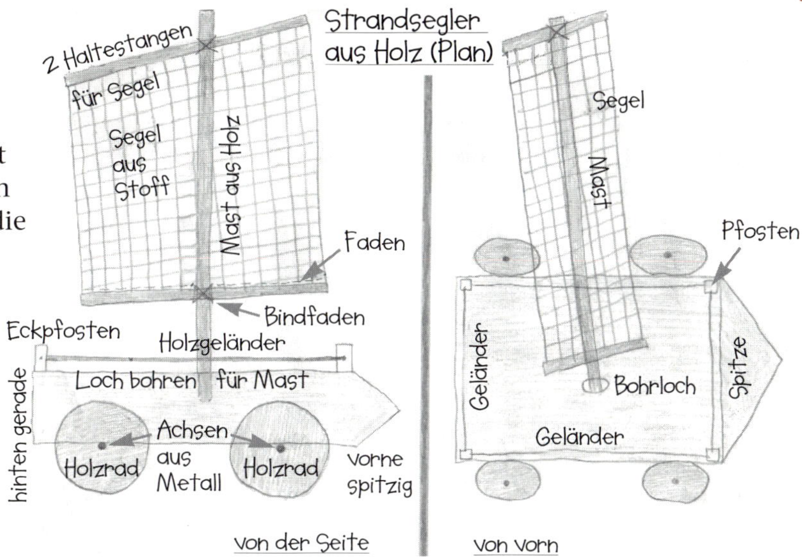

Ich brauche für meinen Strandsegler:
Holz für die Bodenplatte und die Spitze
4 Holzräder
2 Metallachsen
4 Metallösen für Achsaufhängung
4 Eckpfosten
4 Fleischspieße für Geländer
1 runden Holzstab für Mast
2 runde Holzstäbe für Segel
1 Segel aus Stoff
Bindfaden, Nadel und Faden
Bohrer, Säge, Leim, Lineal

Die Achsen

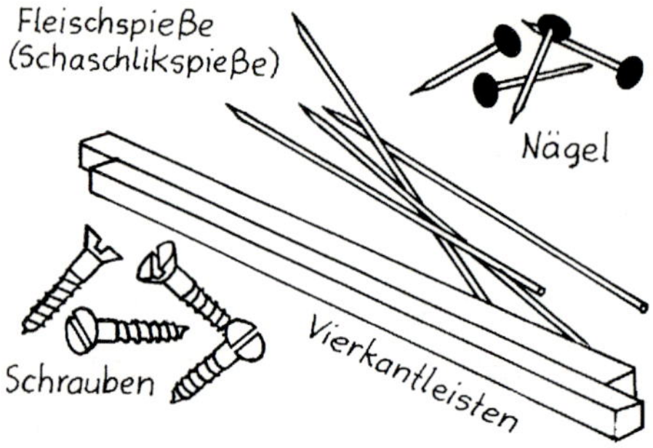

Starre Achsen

Die **Achse** ist **fest** am Fahrzeug befestigt und bewegt sich nicht. Es **drehen** sich nur die **Räder** frei auf der Achse.

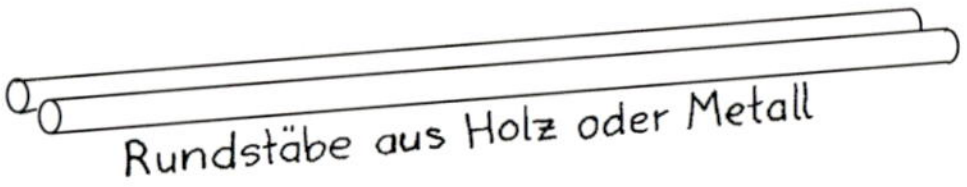

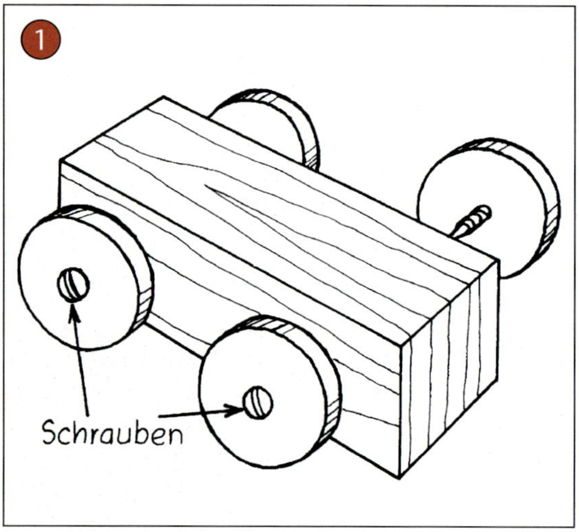

Schrauben werden als Achsen direkt ins Holz gedreht.

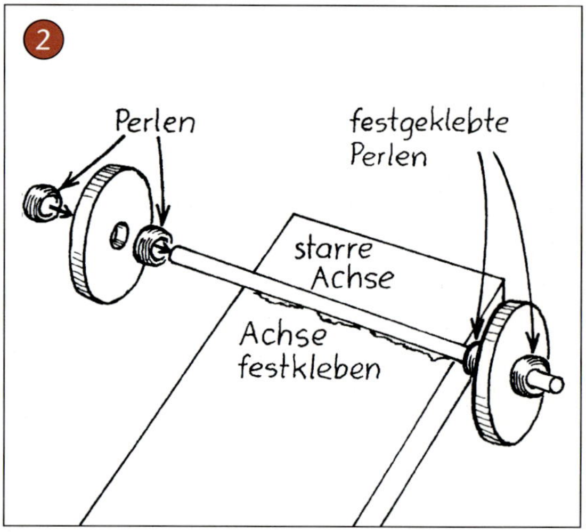

Die Räder drehen sich **zwischen** festgeklebten **Perlen oder Korken**.

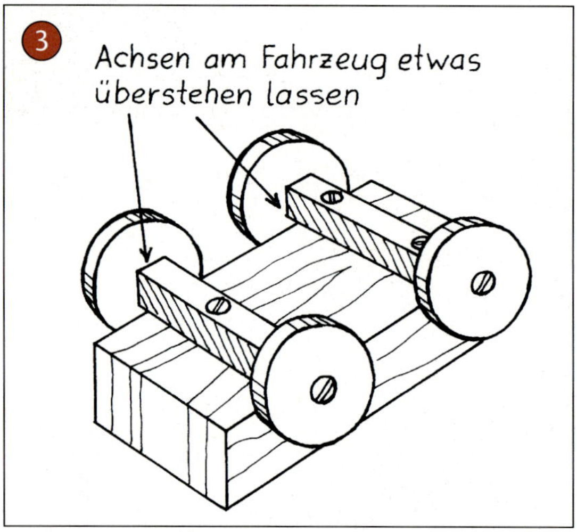

Vierkantleisten werden an den Wagenboden geschraubt.

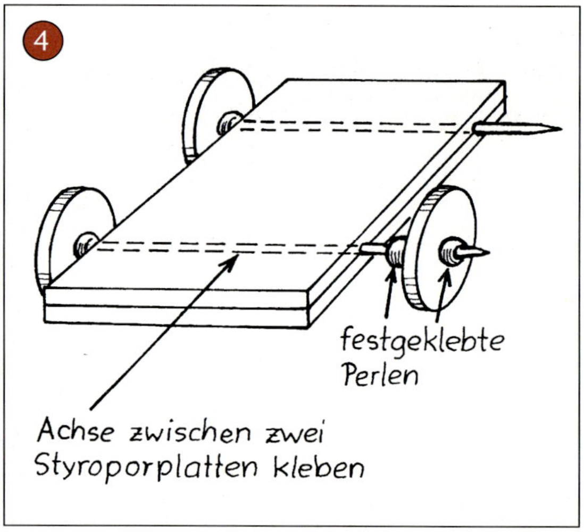

Die Achse wird **zwischen zwei Platten** geklebt.

Bewegliche Achsen

Die **Räder** sind **fest** auf die Achsen geklebt.
Sie drehen sich, indem sich die ganze **Achse** in einer Halterung **dreht**.

Zwei **Fleischspieße** wurden durch vier Löcher **in** die **Papprolle** geschoben.

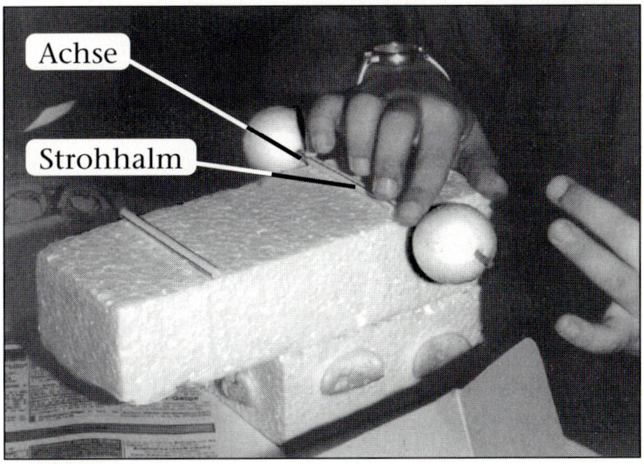

Als Achshalterung eignen sich **Strohhalme, Fadenrollen oder andere** dünne **Röhrchen**.

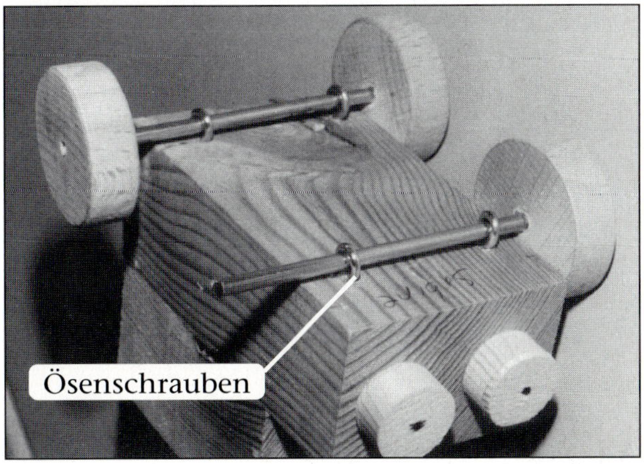

Runde Achsen aus **Holz** oder **Metall** werden durch vier **Ösenschrauben** gehalten.

Ohne Räder fährt nichts!

Wenn du dich genau umschaust, findest du zu Hause genügend Dinge, die sich als Räder eignen. Holzräder schenkt dir bestimmt ein Schreiner, oder du kannst sie im Bastelgeschäft kaufen.

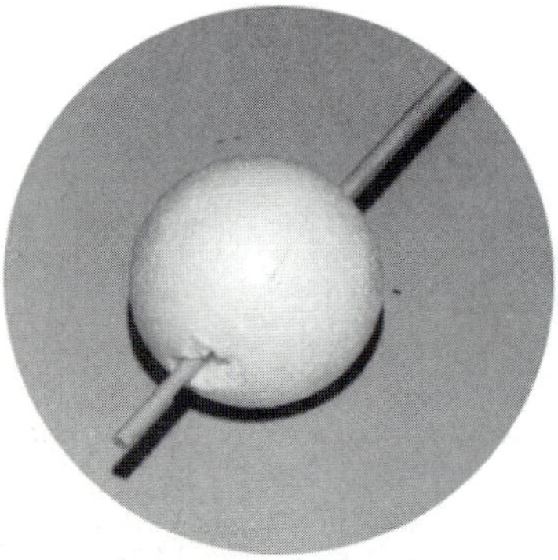

Verschiedene Räder herstellen

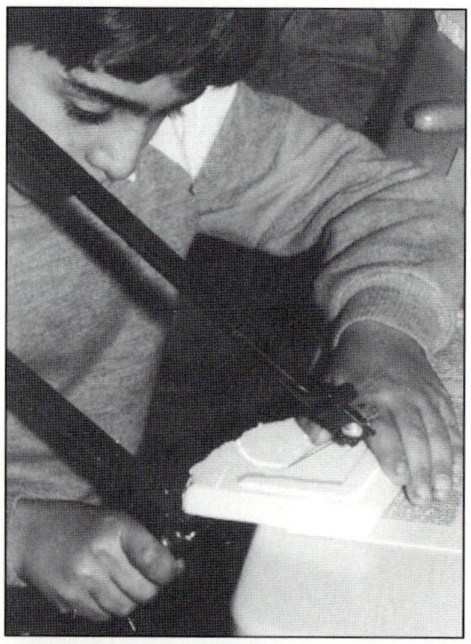

Zeichne Räder aus **Styropor** oder **Karton** vor dem Ausschneiden mit Hilfe eines Joghurtbechers vor.

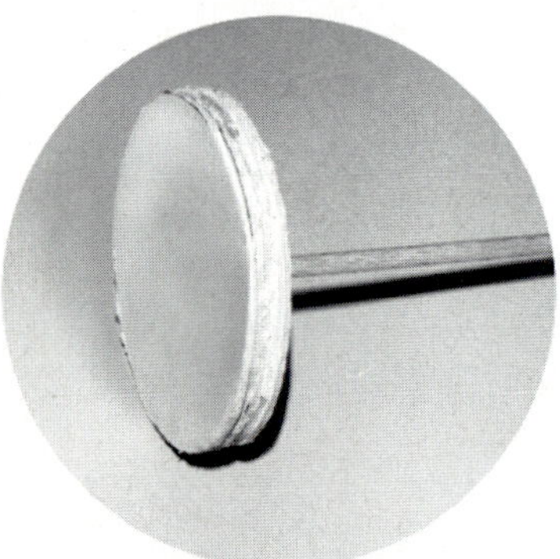

Wickle aus **Wellpappe** selbst Räder. Verwende Klebstoff.

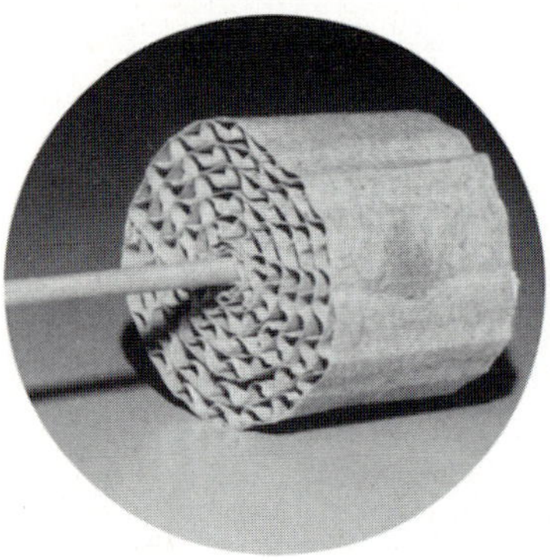

Den Mittelpunkt des Rades finden

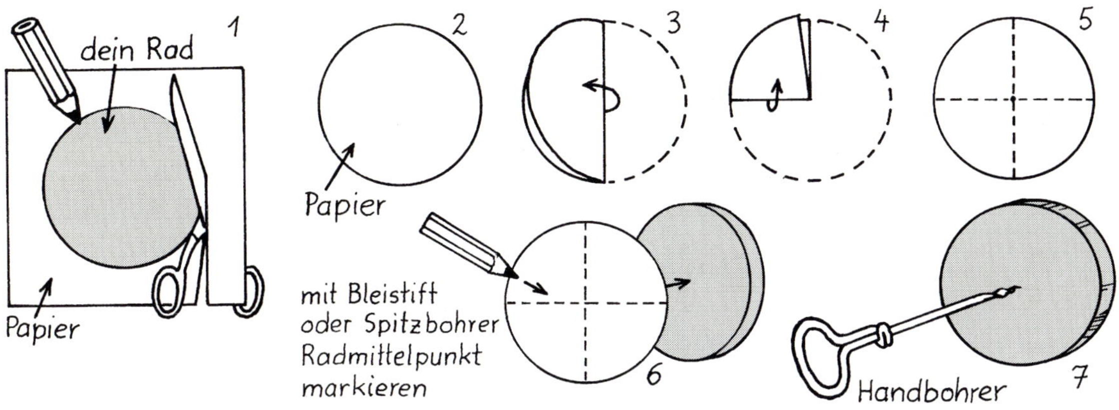

Hilfen, damit sich die Räder besser drehen

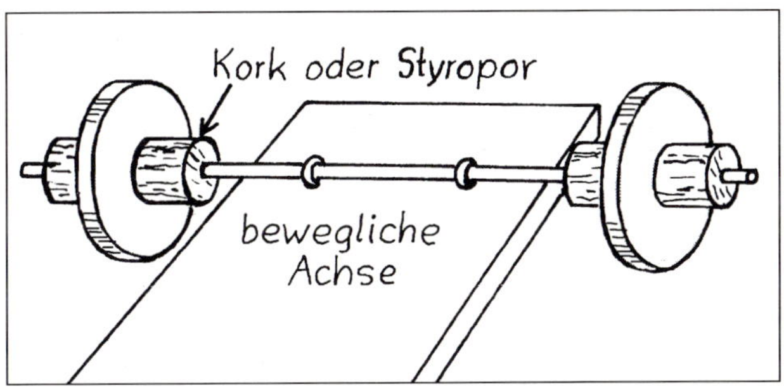

Große, dünne Räder wackeln auf der Achse. Kork oder Styroporstücke machen sie stabil.

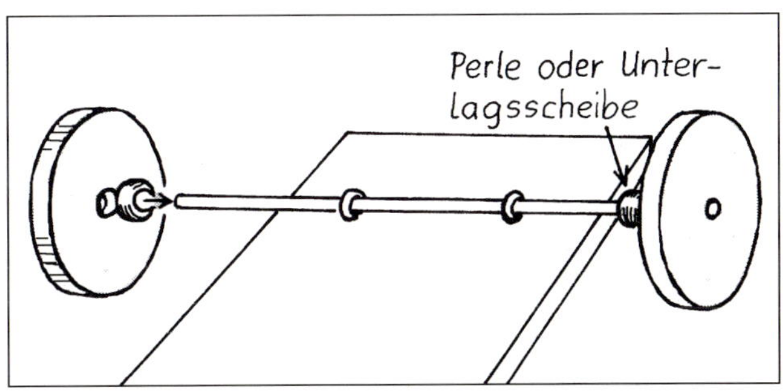

Eine Perle oder Unterlagsscheibe zwischen jedem Rad und dem Fahrzeug sorgt dafür, dass die Räder nicht streifen.

Versuche:

- Probiere an einem Fahrzeug große und kleine Räder aus. Womit rollt es weitere Strecken?
- Merkst du einen Unterschied zwischen breiten und schmalen Rädern?
- Was passiert, wenn die Achse nicht durch den Radmittelpunkt geht?
- Teste Räder, die nicht rund oder auf der Lauffläche nicht eben sind.

Die Lenkung

Ohne Lenkung kann dein Fahrzeug keine Kurven fahren. Aber nicht bei jedem Fahrzeug kann man eine Lenkung einbauen. Am einfachsten geht es, wenn die Achsen aus Vierkantleisten sind.

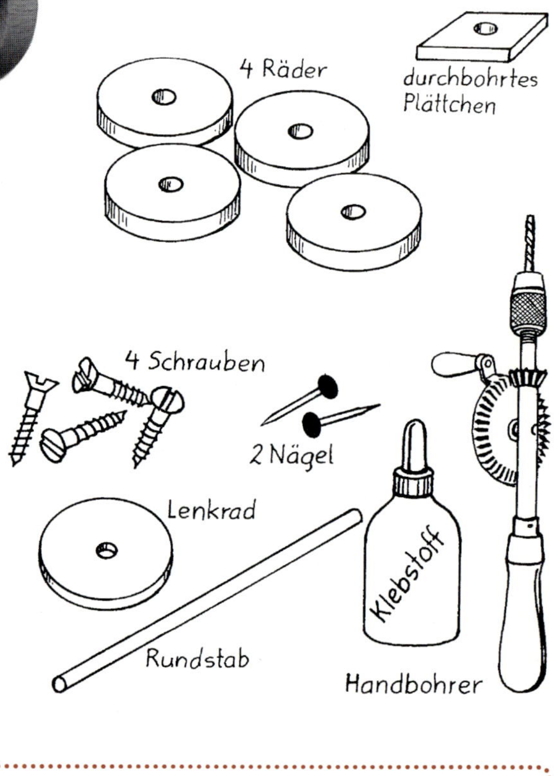

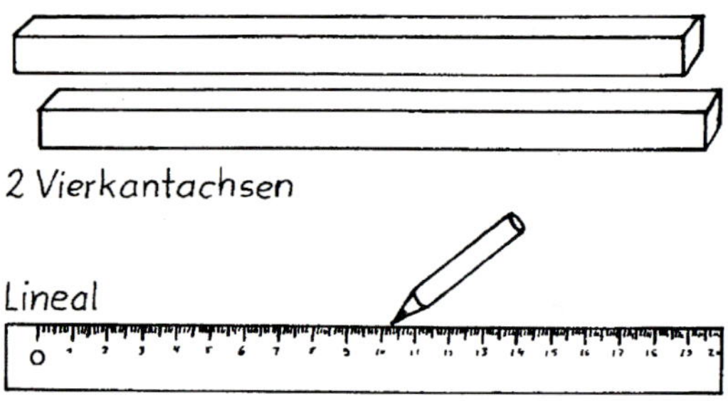

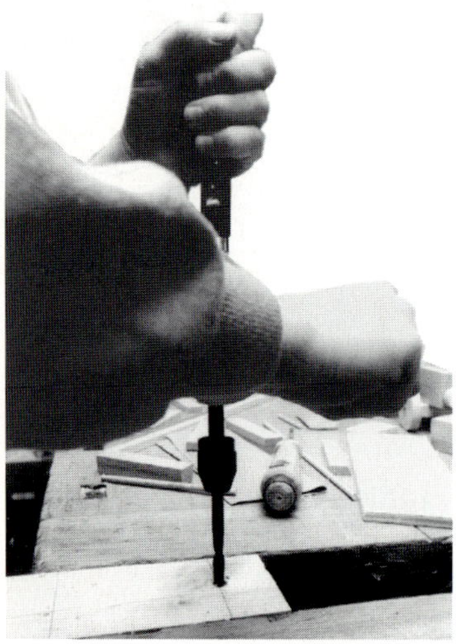

Miss genau:

- Wo musst du die Achse und die Bodenplatte des Fahrzeugs durchbohren?
  Die Bohrlöcher für den Rundstab müssen genau aufeinander passen.
- Wie ist die Stärke des Rundstabes?
  Bohre die Löcher entsprechend groß.
- Wie lang muss der Rundstab sein?

Arbeitsanleitung für eine Drehschemel-Lenkung

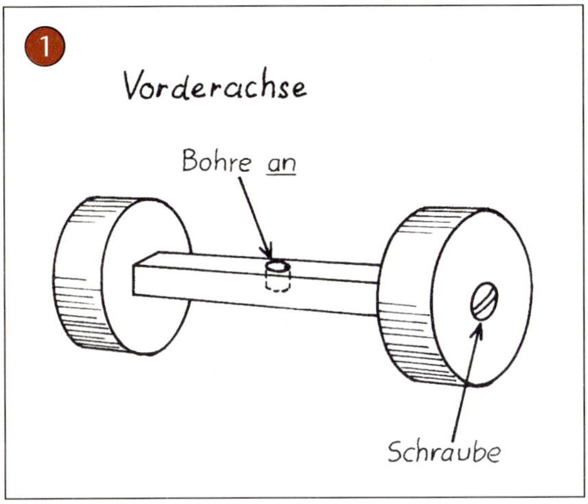

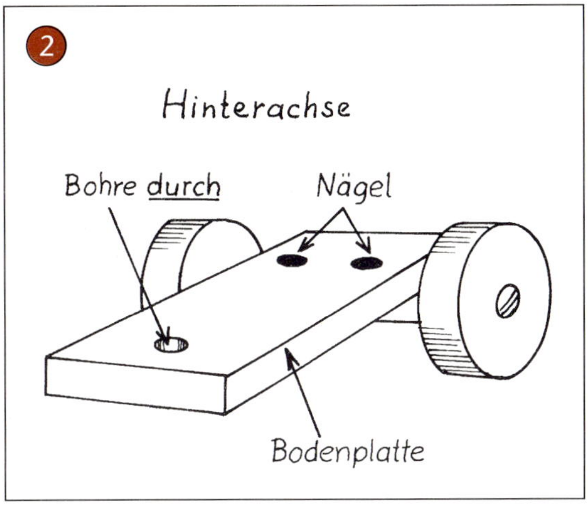

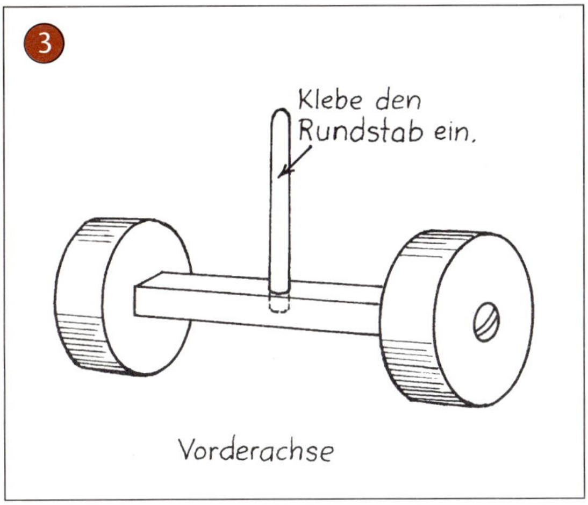

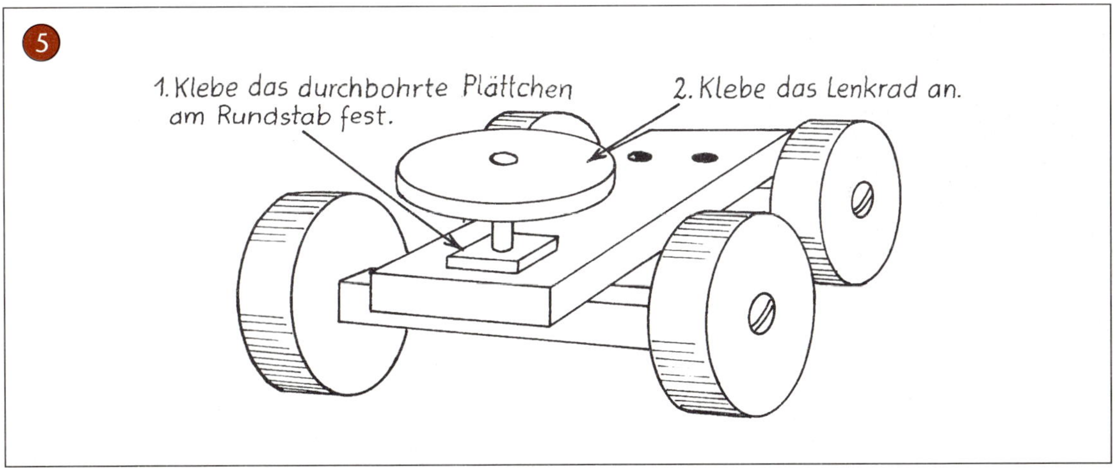

Der Antrieb

Gummimotor

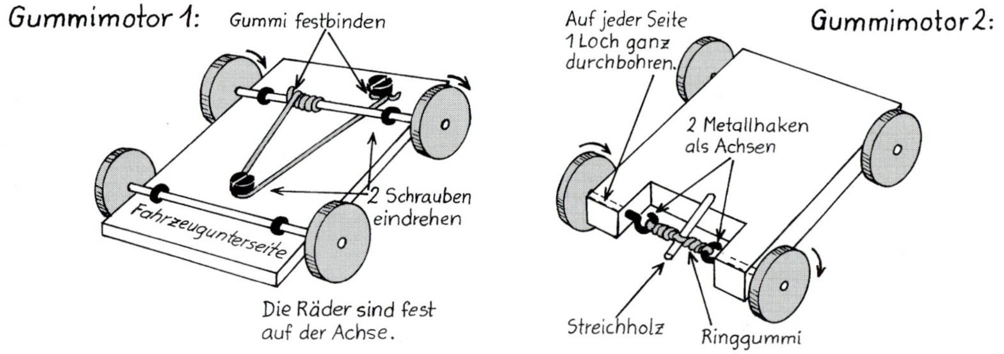

Segel

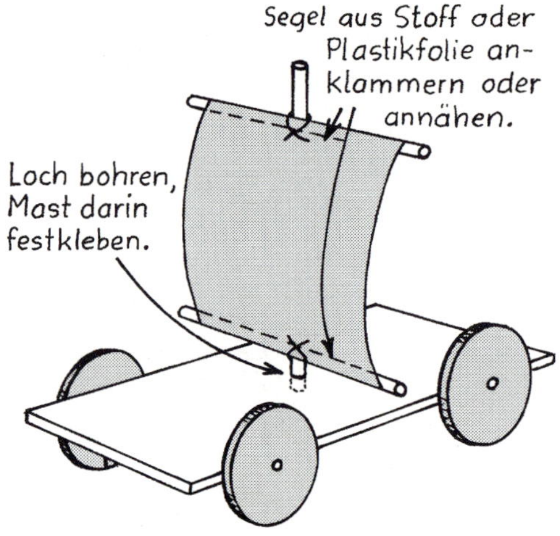

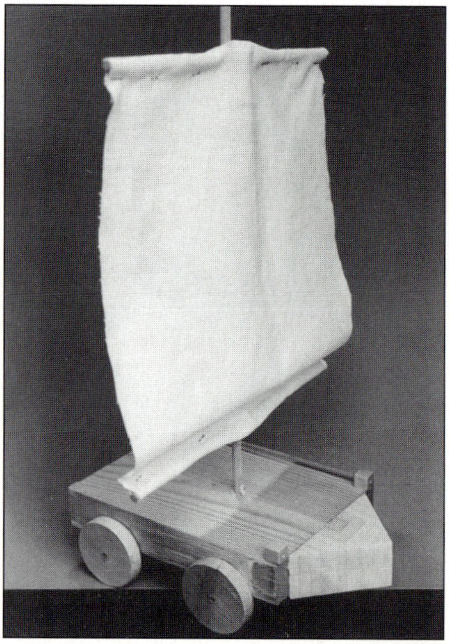

Propellermotor

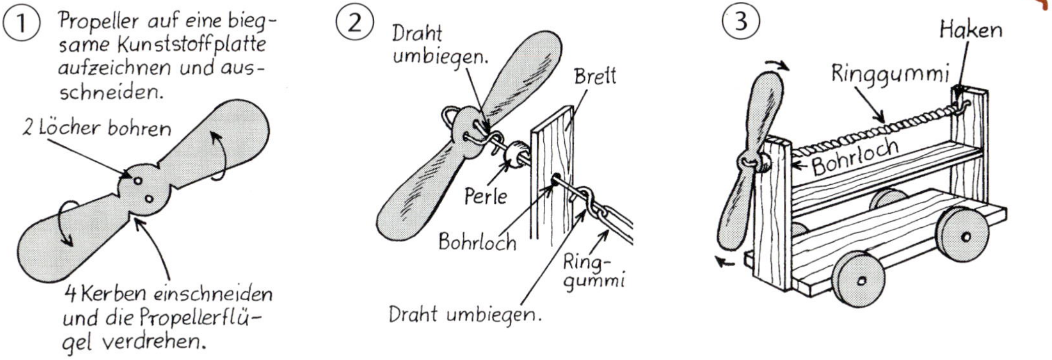

Luftballonantrieb

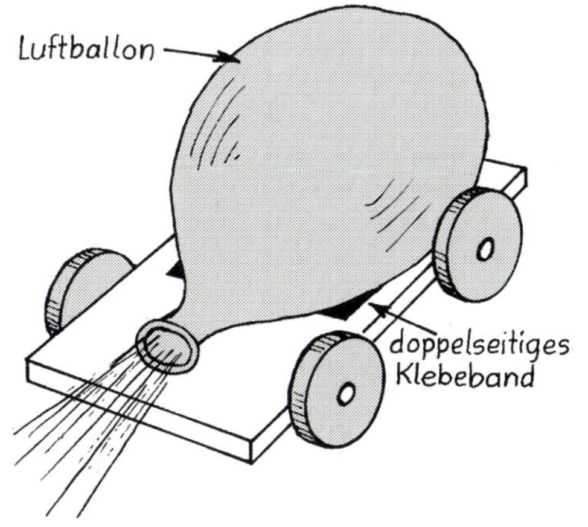

Die Beleuchtung

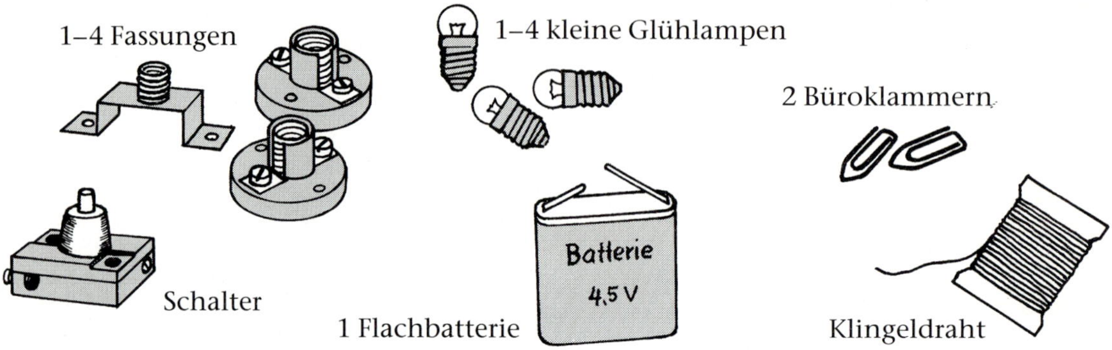

Das Material kannst du in einem Elektrogeschäft oder in einem Spielwarenladen kaufen. Alle Teile sind auch in der Experimentier- und Arbeitsbox „Stromkreise“ (Cornelsen Experimenta)* enthalten.

Als **Energiequelle** eignet sich am besten eine **Flachbatterie**. Sie wird mit doppelseitigem Klebeband oder Gummis am Fahrzeug befestigt.

Du brauchst:

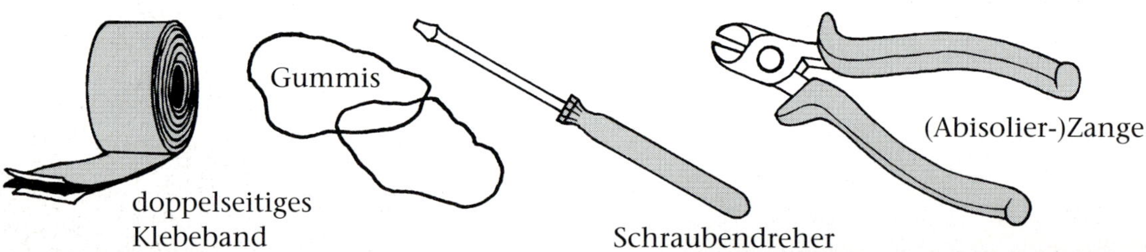

Hinweise für den Bau einer Beleuchtungsanlage

- Es muss ein geschlossener Stromkreis bestehen, damit die Lampe leuchten kann.
- Die Reihenfolge der einzelnen Teile im Stromkreis ist beliebig. Du kannst auch mehrere Glühlampen einbauen.

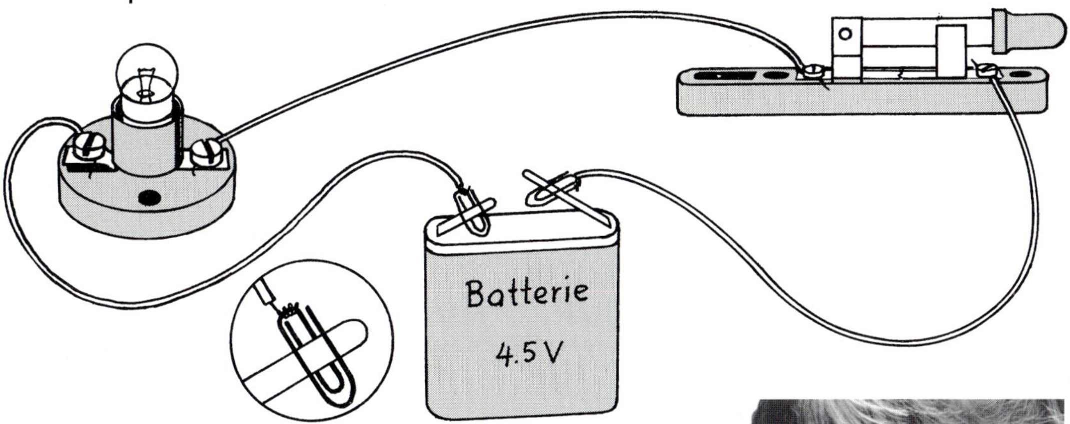

- Wo willst du die Batterie, den Schalter und die Lampen an deinem Fahrzeug montieren? Miss die Länge der Drahtstücke entsprechend aus.
- Lege an jeder Anschlussstelle im Stromkreis das Kupfer des Klingeldrahtes mit der Abisolierzange frei. Erst so kann der Strom fließen.

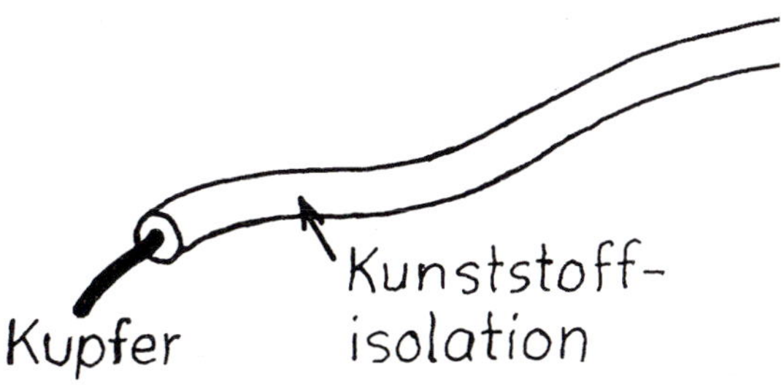

Test: Übersteht dein Fahrzeug eine Fahrt über eine Holperpiste, ohne dass das Licht flackert?

Verschönerungen

1. Anhänger
2. Nummernschild, Fenster und Licht
3. Dachgepäckträger und Auspuff
4. Bemalen
5. Fahrer und Startnummer
6. Bekleben
7. Abschleifen

… an einer Seifenkiste für die Klasse!

Geeignetes Baumaterial findet ihr beim Wertstoffhof, auf Dachböden, zu Hause im Keller, auf dem Müllplatz …

Einfach, aber solide

Pfiffig verspielt

„Profis“ bauen Seifenkisten mit Hilfe von Bausätzen zusammen, die sie in speziellen Geschäften kaufen.

Achtung! • Achtung! • Achtung!

- Seifenkisten haben (meist) keine Bremse. Deshalb keine zu steilen Berge hinunterfahren.
- Nie ohne Sturzhelm fahren. Ellenbogen- und Knieschützer polstern zusätzlich ab. Zum Schutz der Finger möglichst Handschuhe tragen.
- Nicht auf der Straße fahren. Feld- oder wenig befahrene Wege benutzen.
- Auf andere Rücksicht nehmen.

Funktionsprüfung

Name: ____________

TÜV-Prüfung

1. Das Auto muss geradeaus fahren können. ☐
2. Alle 4 Räder müssen sich, ohne am Fahrzeug zu streifen, leicht drehen. ☐
3. Das Auto muss unbeschadet eine Holperstrecke überstehen. ☐
4. Alle 4 Räder müssen den Boden berühren. ☐

Bei 4 Kreuzen erhältst du die TÜV-Plakette!

Wenn du nicht weißt, was TÜV bedeutet, kannst du auf Seite 23 nachlesen.

In eurer Klasse könnt ihr testen, ob eure Fahrzeuge fest und sorgfältig gebaut sind.

Teststation 1:
Das Auto muss geradeaus fahren können.

Teststation 2:
Alle vier Räder müssen sich, ohne am Fahrzeug zu streifen, leicht drehen.

Teststation 3:
Das Auto muss unbeschadet über eine Holperstrecke fahren.

Teststation 4:
Alle Räder müssen den Boden berühren.

Wenn dein Auto eine Lenkung oder eine Beleuchtung hat, kannst du die Tests 5 und 6 durchführen.

Teststation 5:
Das Auto muss eine Kurve fahren können.

Teststation 6:
Das eingeschaltete Licht darf bei einer Fahrt über eine Holperstrecke nicht ausgehen.

In der Autowerkstatt darfst du jederzeit Mängel an deinem Fahrzeug beheben und anschließend einen Test wiederholen.

Autorennen

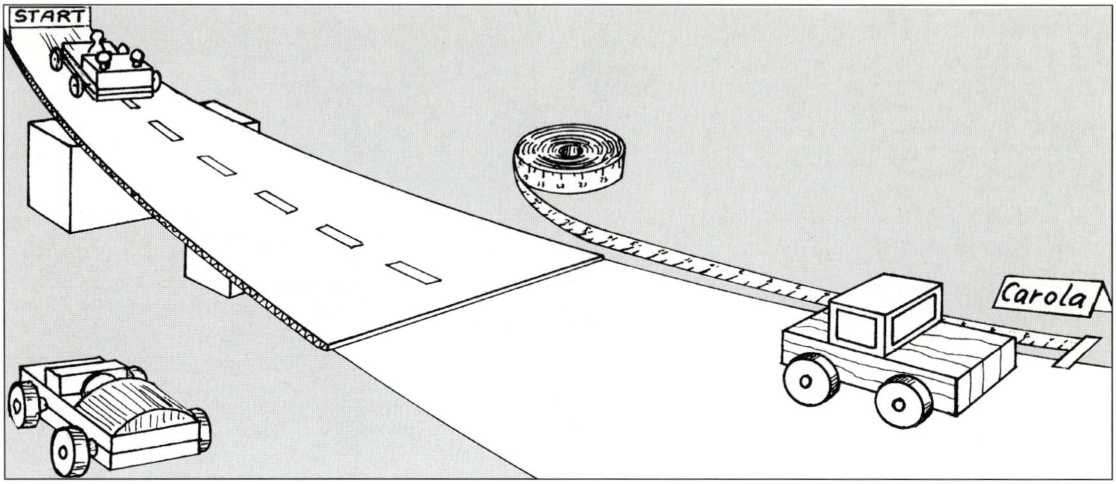

1. Durchgang

Messt für jedes Fahrzeug, wie weit es rollt: die Strecke vom Ende der Rampe bis zum Stillstand (Rollstrecke).
Versucht herauszufinden, warum die Fahrzeuge unterschiedlich weit rollen.

Wie ist das Fahrzeug gebaut, das am weitesten gefahren ist?

- Drehen sich die Räder gut oder schlecht?
- Sind die Räder groß oder klein, breit oder schmal? Ist das Auto leicht oder schwer?
- Spielt die Bauform insgesamt eine Rolle (zum Beispiel der Luftwiderstand)?

2. Durchgang

Verändert das Gewicht der Fahrzeuge.

Nacheinander werden alle Fahrzeuge mit dem gleichen Gewicht (zum Beispiel 500 Gramm) beladen und rollen die Rampe hinunter.

- Vergleicht die Rollstrecken vom 1. und 2. Durchgang.
- Spielt es eine Rolle, ob das Gewicht vorn, in der Mitte oder hinten am Fahrzeug aufliegt?

Tragt die Rollstrecken in eine Klassentabelle ein:

Name	Rollstrecke <u>ohne</u> Gewicht	Rollstrecke <u>mit</u> Gewicht
Carola	67 cm	cm
Tobias	cm	cm
	cm	cm

... und andere Ideen

- Malt mit Kreide ein Straßennetz auf den Schulhof. Bastelt Verkehrszeichen und stellt sie auf. Fahrt auf diesen Straßen mit euren Fahrzeugen nach den Regeln des Straßenverkehrs.

- Gestaltet mit allen selbst gebauten Fahrzeugen oder mit verschiedenen Spielzeugautos eine Ausstellung.

- Sammelt für diese Ausstellung alles, was mit dem Thema „Fahrzeuge" zu tun hat:
  - Autoplakate
  - Zeichen von Automarken
  - Oldtimer
  - Kindersachbücher und Autozeitschriften
  - Werbeanzeigen und Werbespots
  - Informationen zur Entwicklung des Rades oder zur Geschichte des Automobils
  - Karten- oder Puzzlespiele (Stellt sie auch selbst her.)
  - alte Fahrzeugteile (Fahrradklingel, Radkappen, Spiegel …)
  - Bilder von allen möglichen Fahrzeugen (Kinderwagen, Schubkarre, Roller …)

- Was ihr noch machen könnt:
  - Ältere Menschen befragen, welche Fahrzeuge es früher gab und wie sie aussahen.
  - Ein Museum besuchen, eine Autowerkstatt, den TÜV oder andere Einrichtungen.
  - Die Verkehrssicherheit eurer Fahrzeuge gemeinsam prüfen und sie reparieren.
  - Auch Wasser- oder Luftfahrzeuge bauen.

Sicher habt ihr noch andere Einfälle!

Allerlei zum Rätseln, Lachen, Erzählen und Spielen

1 Kannst du das Gedicht so vorlesen, dass man sich den Traktor richtig vorstellen kann? Versuche einmal mit einem Kassettenrekorder Traktorgeräusche aufzunehmen.

Traktorgeknatter

Ein Traktor kommt um die Ecke gerattert.
Man kennt ihn gleich, wie er klappert und knattert
und rüttelt und ruckelt
und zittert und knackt
und schüttelt und zuckelt
und stottert im Takt –
bis unter die Brücke zum dicken Bagger
wackelt der Traktor mit taketa-taka
taketa-taka taketa-pff
take-pff take – – aus!
Dann geht der Traktorfahrer nach Haus.

Hans Adolf Halbey

2

A	C	E	W	U	X	O	Q	N	H	K
Y	B	D	K	G	D	J	P	S	R	L
P	U	M	P	E	G	L	I	C	M	I
B	F	V	S	P	E	I	C	H	E	N
Z	I	E	A	Ä	S	C	T	U	H	G
Q	R	P	F	C	G	K	E	T	T	E
T	P	E	K	K	J	O	L	Z	M	L
B	S	D	O	T	U	N	V	B	W	Y
C	F	A	H	R	R	A	D	L	L	E
H	A	L	D	Ä	O	X	Z	E	F	L
O	I	M	G	G	J	M	T	C	K	P
L	E	N	K	E	R	T	S	H	O	S
R	W	U	X	R	A	H	M	E	N	V
Z	B	D	F	T	N	T	Y	A	E	C

Außer „Fahrrad" sind noch neun weitere Namen versteckt. Findest du alle heraus? Du kannst senkrecht und waagerecht lesen. Schreibe die Begriffe auf. (Bitte **nicht** im Heft anstreichen.)

3 Rätsel

Weisst du es, so tu's mir kund:
Was ist vorn und hinten rund,
ganz aus Stahl und Eisen?
Mit 'ner Kette läuft es rum,
obenauf sitzt einer krumm,
strampelt mit den Beinen.

Es fährt auf der Straße,
hat Motor und vier Räder.
Ein Mann sitzt am Steuer.
Von euch kennt es jeder.

Ein roter Wagen,
ein blau flackerndes Licht,
kommt mit lauten Signalen,
hört ihr es nicht?
Ta-tü, ta-ta ist sein heller Ton!
Wie heißt das Fahrzeug?
Wißt ihr es schon?

4 Witze

Laut ertönt der Startschuss. Alle Motorräder donnern davon – bis auf eines. Fragt der Starter verwirrt: „Na los, Mann! Warum fahren Sie denn nicht?" – „Wenn ich könnte, wäre ich längst weg. Aber sie haben mir in den Reifen geschossen!"

Der Polizist stoppt einen Wagen, der zu schnell durch die Stadt fährt. „Warum fahren Sie denn so unverantwortlich schnell?" – „Ich habe es eilig. Ich muss auf das Gericht!" – „Und warum müssen sie auf das Gericht?" – „Es wird dort gegen mich verhandelt – wegen zu schnellen Fahrens!"

5 Scherzfragen

Was ist der Unterschied zwischen einem Menschen und einem Auto?

Beim Menschen gehen die Beulen nach außen –
beim Auto gehen die Beulen nach innen.

Was macht mehr Lärm als ein knatterndes Motorrad?

Zwei knatternde Motorräder

6 Spiele

Mit Begriffen zum Thema „Fahrzeuge" könnt ihr MONTAGSMALER, DINGSDA oder KOFFERPACKEN spielen.

Allerlei

7 Sinnestäuschung
Wenn ihr eure Nase immer in alles reinsteckt, dann macht das hier auch mal – und zwar zwischen die beiden Brückenteile: Dann können Auto und Kutsche nämlich weiterfahren.

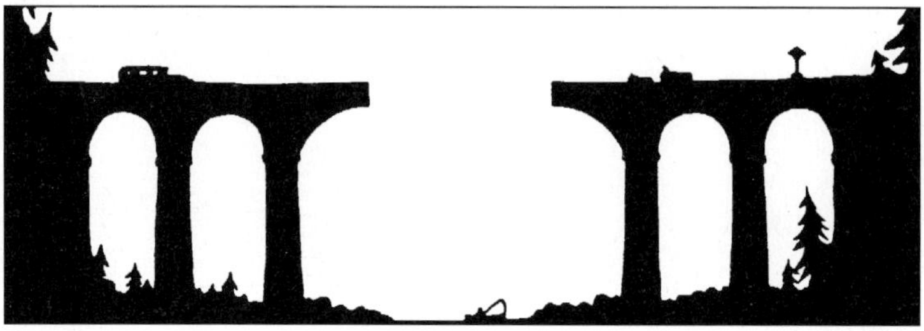

8 Kreuzworträtsel
Lege eine Klarsichtfolie auf das Rätsel und schreibe mit Folienstift. So können mehrere Kinder raten.

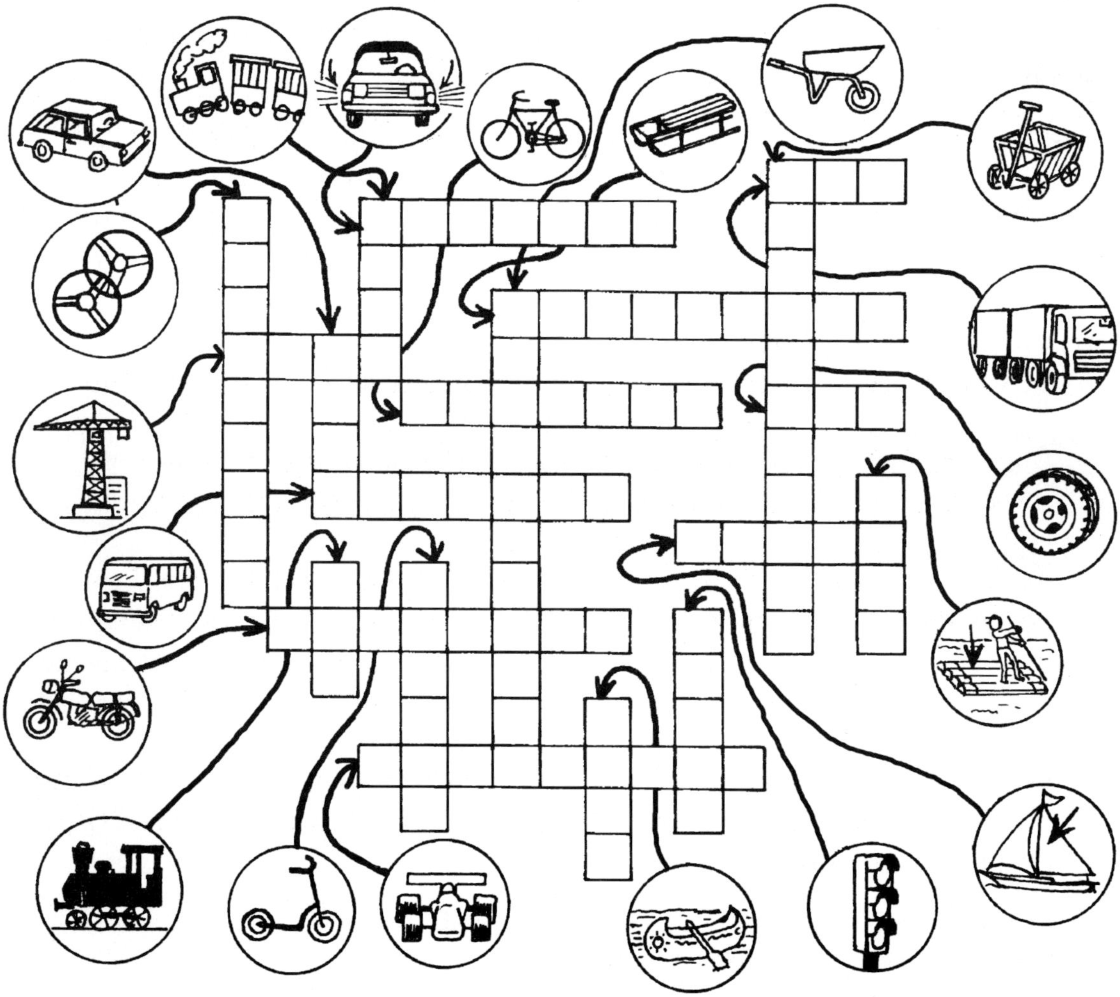

9 Augen auf

Es gibt viele lustige Autokennzeichen. Bei langen Autofahrten kannst du dir so die Zeit vertreiben. Wenn du dir die Kennzeichen merkst, kannst du sie später z. B. nach folgenden Gruppen ordnen.

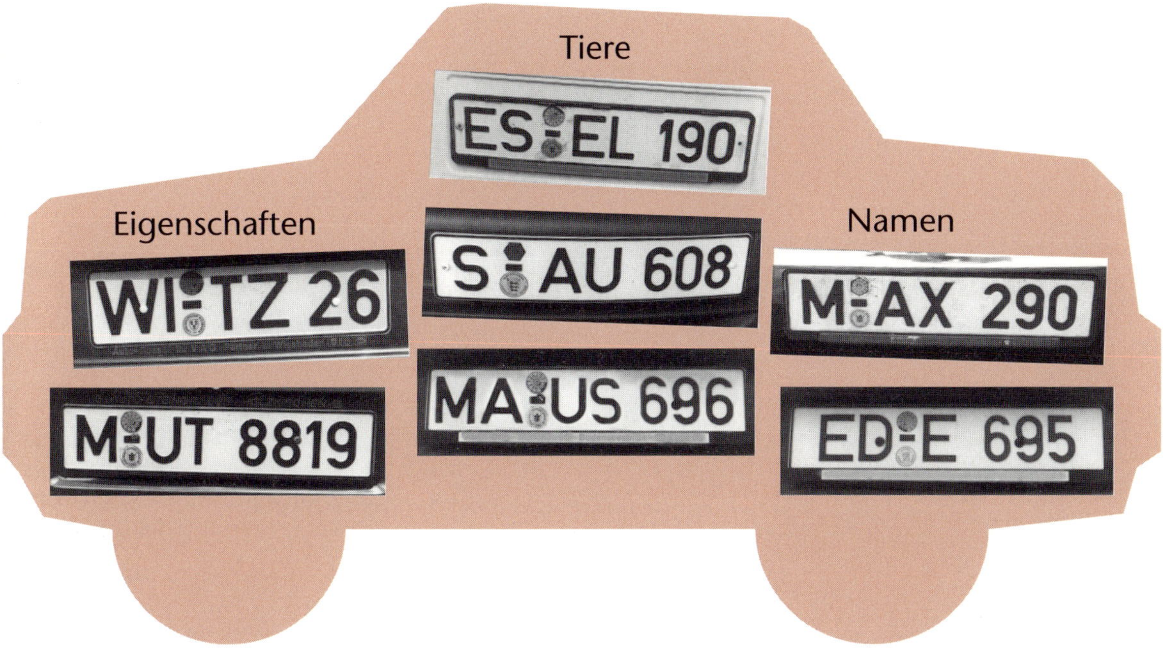

10 Worterklärung (TÜV)

TÜV ist die Abkürzung für **T**echnischer **Ü**berwachungs-**V**erein. Wissenschaftler und Techniker prüfen zum Beispiel Aufzüge, Heizöltanks, Klimaanlagen … Dabei untersuchen sie, ob diese Dinge so sicher sind, dass bei ihrem Gebrauch keine Menschen gefährdet werden oder die Umwelt belastet wird.

Am bekanntesten ist wahrscheinlich die TÜV-Prüfstelle für Kraftfahrzeuge (Personenwagen, Motorräder, Lastwagen …). Bei den Fahrzeugen wird getestet, ob die Lenkung, die Bremsen und die Beleuchtung einwandfrei funktionieren. Es wird nachgesehen, ob das Fahrzeug noch stabil ist (ob es nicht an wichtigen Stellen durchrostet) und vieles mehr. Wenn alles in Ordnung ist, bekommt das Auto eine Plakette auf das hintere Nummernschild geklebt. Diese Untersuchung wird alle zwei bzw. drei Jahre wiederholt.

Frage einen Autofahrer, was alles bei der letzten TÜV-Prüfung bei seinem Fahrzeug getestet und angesehen wurde.

Allerlei

11 Wenn du Lust hast, mit einem Technikbaukasten Fahrzeuge zu bauen und anzutreiben, kannst du die Experimentier- und Arbeitsbox „Fahrzeuge bauen und antreiben“* benutzen. Frage in deiner Schule, ob es dort diese Box gibt.

Lösungen

Für Aufgabe 2:
Pumpe, Speichen, Kette, Lenker, Rahmen, Pedal, Klingel, Gepäckträger, Schutzblech.

Für Aufgabe 3:
das Fahrrad, das Auto, die Feuerwehr.

Differix-Klassenbibliothek
herausgegeben von der Cornelsen-Redaktion Primarstufe unter Beratung von Christian Hoenecke und Hans Jörg

Wir bauen Fahrzeuge von Regine Sigler-Held

Fotos: Cornelsen Experimenta, Berlin 2 unten rechts; Siegfried Dannecker Umschlagfoto, 2, 5, 6, 8, 10, 11 unten, 12, 13, 14, 16, 17, 19; Regine Sigler-Held 11 oben, 23; Wilfried Soll 15 oben; Yves Sucksdorf, Berlin 15 unten.
Grafik: Cornelsen Verlag (Gabriele Heinisch); Schattenbild S. 22 oben aus: Bernd Bexte, 1002 Bilder, Bildgeschichten ... Verlag Zweitausendeins, Frankfurt/Main.
Texte: E.-Heinz Arnold, Weißt du es ..., Dorothea Hinze, Es fährt auf der Straße ..., Ein roter Wagen ..., alle drei Rätsel aus: Das ist der Daumen Knudeldick ..., hrsg. von Marga Arndt und Waltraut Singer. © by Ravensburger Buchverlag. 21. Hans Adolf Halbey, Traktor-Geknatter. Aus: Pampelmusensalat, Weinheim: Beltz Verlag 1965. 20.

* **Informationen zu den Experimentier- und Arbeitsboxen**
über Cornelsen Experimenta, Holzhauser Straße 76, 13509 Berlin

Lay-out: Saskia Klemm
Technische Umsetzung: Gerd Sadzinski, Berlin

1. Auflage ✔ Druck 4 3 2 1 Jahr 2000 99 98 97

Druck: Saladruck, Berlin

ISBN 3-464-06471-9

Bestellnummer 64719

gedruckt auf säurefreiem Papier, umweltschonend hergestellt aus chlorfrei gebleichten Faserstoffen